エドガー・ケイシーの
未来リーディング

Edgar Cayce

同時収録
ジーン・ディクソンの
霊言

大川隆法
RYUHO OKAWA

本霊言は、2010年6月1日、幸福の科学総合本部にて、
質問者との対話形式で公開収録された。

まえがき

アメリカの予言者、エドガー・ケイシーとジーン・ディクソンの霊言である。予想をはるかに超えて、悲観的未来予言がなされていた。

二人の予言は二〇一〇年六月一日に同時収録されたが、翌日の六月二日には鳩山総理が辞職を表明した。鳩山政権発足時は70％台あった支持率は、ついに20％を割り込み10％台になったところで、政府・民主党は、菅直人を新総理に選び六月八日に新内閣が発足した。

ところが無節操にもマスコミ世論は菅内閣に60％台の支持率回復を許し、民主党政権の参院選対策に便乗した。ジーン・ディクソンは「鳩山総理の次には、〝悪魔の完全な手下〟が総理になる」と予言しているが、既に本書収録時に、悲劇の第二幕を予知していたというほかない。果たして、『諸行無常《しょぎょうむじょう》』以外にすがるべき真理はないのだろうか。

二〇一〇年　六月二十三日

グランド・マスター　大川隆法《おおかわりゅうほう》

エドガー・ケイシーの未来リーディング　目次

第1章　エドガー・ケイシーの未来リーディング

第2章　日本に迫《せま》る「バビロン捕囚《ほしゅう》」の危機

二〇一〇年六月一日　ジーン・ディクソンの霊示

第1章

エドガー・ケイシーの未来リーディング

二〇一〇年六月一日　エドガー・ケイシーの霊示

エドガー・ケイシー（一八七七～一九四五）

アメリカの予言者、心霊治療家《しんれいちりょうか》。「眠《ねむ》れる予言者」「20世紀最大の奇跡《きせき》の人」などと称《しょう》される。催眠《さいみん》状態で、病気の治療法や人生相談等について数多くの「リーディング」を行った。エドガー・ケイシーの魂《たましい》の本体は、医療系団の長であるサリエル（七大天使の一人）であり、旧約の預言者イザヤとしても生まれている（『永遠の法』『大川隆法霊言全集　第34巻』参照）。

［質問者四名は、それぞれA・B・C・Dと表記］

1　幸福の科学の全貌《ぜんぼう》を知るエドガー・ケイシー

大川隆法　みなさんのなかに、「未来のことについて、いろいろ訊《き》いてみたい」という声もあるようですので、今日は、予言者の霊人《れいじん》を呼んで、幾《いく》つか訊いてみようと思います。

予言にも、さまざまなレベルがあり、当たり外れがありますが、エドガー・ケイシーのほうから、「私は、幸福の科学の全貌《ぜんぼう》を知っているので、私が引き受けましょう」と言ってきました。

そこで、「エドガー・ケイシーの未来リーディング」と題して、未来について話を聴くことにしますが、それ以外の内容について訊いてみてもよいかなと思っています。

エドガー・ケイシーは、一八〇〇年代後半に生まれ、一九四五年に亡くなっています。彼は、生前、写真屋をしていましたが、その仕事のかたわら、自己催眠《さいみん》というか、睡眠中《すいみんちゅう》のような催眠状態において、「リーディング」と言われるものを行っていました。

つまり、彼の体のなかに指導霊《しどうれい》が入り、霊言《れいげん》のかたちで、さまざまな人生相談に答えていたのです。彼のリーディングには、人生リーディングや、過去世《かこぜ》リーディング、病気リーディング、カルマ・リーディング、あるいは、未来リーディングなど、さまざまな種類があります。

ただ、予言に関するリーディングのシェアは少なくて、むしろ、病気や健康に関するもののほうが多いと思います。実際には、相談者の人生をリーディングし、遡《さかのぼ》っていくうちに、なぜか過去世まで戻《もど》ってしまい、そういう過去世リーディングが始まったのです。

さらに、彼は、アトランティス等についても数多くの教えを遺《のこ》しています。

彼自身は、目が覚めたあと、自分が語った内容について、最初は信じられず、否定していました。彼は、日曜学校でキリスト教を教えている立場でしたが、トランス状態になって霊言を行うと、「カルマの法則」などを説き始めるわけです。それで、最初のうち、「これは悪魔《あくま》の言葉なのではないか」と恐《おそ》れていたのですが、だんだん内容を信じるようになっていきました。

生前、彼は、一万四千件ものリーディングの記録を遺しました。これは一種の霊言ですが、彼の死後、それを分類し、さまざまな問題に答えたりする組織が出来上がっています。

特に、病気治し系のリーディングにおいては、この世的な領域に関しても数多くの問題に答えています。私自身は、あまりやらない領域ですが、例えば、ダイエットについてのアドバイスも行っています。最近も、「リンゴ・ダイエット」が流行《はや》っているようですが、その元は、実はエドガー・ケイシーにあるのです。彼の病気・健康リーディングのなかに、「三日間、リンゴだけを食べなさい。リンゴなら何個でも構わない」と、リンゴ食を勧《すす》めているものがあります。これは有名です。

それから、未来予知として、大陸の陥没《かんぼつ》や火山の爆発《ばくはつ》など、いろいろなことを予言していますが、当たったものも外れたものもあったように思います。やはり、未来予知には、難しいところがあるのです。

彼は、そのような巨大《きょだい》な霊能者であり、「眠《ねむ》れる予言者」と呼ばれています。私の場合は、眠らなくても霊言ができるのですが、今日は、予言という性質上、できるだけ主観を薄《うす》くし、教団の教えと整合するかどうかが分からないようなことも訊いてみようかと思います。

もし、エドガー・ケイシーだけでは十分でなかった場合には、他の人を呼ぶことも可能性としては考えています。ジーン・ディクソンなど、同世代の予言者もいるので、そういう人を呼ぶことも少し考えています。

最初は、黙示録《もくしろく》のヨハネ、エドガー・ケイシー、ジーン・ディクソンの三名で予定を組んでいたのですが、「黙示録のヨハネは、少し怖《こわ》すぎるかもしれないので、口封《くちふう》じをし、私のほうで引き受けます」と、ケイシーのほうから言ってきました。彼は、「黙示録のヨハネが、あまりにも恐ろしいことを言って、教団に迷惑《めいわく》がかかってはいけない」と感じたようです。
それでは始めましょう。

2　今後の世界情勢の見通しについて

大川隆法　アメリカの眠《ねむ》れる予言者、エドガー・ケイシー。

アメリカの眠れる予言者、エドガー・ケイシー。

巨大霊能者《きょだいれいのうしゃ》、エドガー・ケイシー。

われらに霊示《れいじ》を降ろしたまえ。

未来リーディング、人生リーディング、過去世《かこぜ》リーディング、その他、人類がまだ十分に知りえていないことについて、教えを乞《こ》いたいと思います。

エドガー・ケイシーの霊、流れ入る。

（約十五秒間の沈黙《ちんもく》）

ケイシー　ケイシーです。

A――　眠れる予言者、エドガー・ケイシー様、本日は、ご降臨いただき、まことにありがとうございます。

ケイシー　うん。

中国の「燃え上がる野望」が見える

A——　私は、国際局で海外伝道に従事している者です。最初に、中国の未来について、お訊《き》きしたいと思います。

ケイシー　うん。

A——　現在、中国は、共産党による一党独裁体制をとっており、また、軍事費の面では、二十年以上にわたって、毎年、二桁《けた》の増加率を示しています。その一方で、一部に資本主義を取り入れ、経済的には発展しているようにも見えます。
今、日本は、そうした中国の覇権《はけん》主義にさらされているわけですが、同盟国であるアメリカは、「米中戦略・経済対話」を行うなど、中国に対して歩み寄りを見せております。
そのような状況《じょうきょう》のなか、今後、日本やアメリカなど、中国を取り巻く国々の未来について、経済や政治、軍事の面を含《ふく》めてご教示いただければ幸いです。

ケイシー　うん、うん。うん。
エドガー・ケイシー個人の責任において、未来リーディングを行います。

（約十秒間の沈黙）

今は、西暦《せいれき》二〇一〇年、六月一日ですが、私の目には……。

（約十五秒間の沈黙）

やはり、燃え上がる野望が見えます。大きな野望です。もう、日本を吸収する気持ちで、いや、吸収することを当然のこととして、国家戦略が立てられています。

昨日《さくじつ》まで、温家宝《おんかほう》・中国首相が日本を訪ねて、市民と交流したり、首相と会談したりしておりましたけれども、もう、日本が中国の一部になることを前提として、下見に来ているのです。

彼らの頭のなかでは、台湾《たいわん》、香港《ホンコン》、日本というのは、同じ流れのなかにあるものです。台湾、香港、日本は、すべて、中国に富をもたらす、新しい植民都市として考えられております。その国家戦略は、最短で二〇二〇年、遅《おそ》くとも二〇五〇年までに達成する予定になっています。

台湾は、目標としては、もう、五年以内に中国領にするつもりでおります。

そして、日本に関しては、民主党政権が続くことを強く望んでおります。この政権が長期化するように、揺《ゆ》さぶりをかけ、「民主党政権が長期化するようなら、日本にフェイバー、すなわち恩恵《おんけい》を与《あた》えるが、その反対の勢力が出てくるようなら、国交を断絶する」かのごとき脅《おど》しをかけるつもりでおります。

ですから、鳩山《はとやま》政権の危機に際して、中国の首相が、わざわざ日本まで足を運ぶということをしたりして、演出をしているわけです。彼らは、自分中心にものを考えておりますので、「中国の首相が、わざわざ日本を訪問してやったのであるから、政権は盤石《ばんじゃく》になるであろう」というように考えているわけですね。

そして、中国の強大な経済力、軍事力で、アジアの覇者になれると思っておりますので、日米同盟を退《しりぞ》けて、中日同盟に持っていくか、あるいは、韓国《かんこく》まで含めた中日韓での極東の同盟に持っていこうとしています。

中国は、「アメリカとの覇権《はけん》戦争に勝利した」と考えている

アメリカについては、「アメリカが、中国にひざまずいて、中国との経済的取り引きを願い、自国の経済的立て直しをするのであれば、仲間に入れてやっ

ても構わない」というように考えております。

今、アメリカが、オバマ大統領を中心に核兵器《かくへいき》の削減《さくげん》等を打ち出したことについて、中国は、「アメリカは、『もはや、中国と冷戦状態で戦いを続けても無駄《むだ》であり、将来的には勝ち目がない』と判断したのだ」というように考えております。

要するに、「アメリカは、『中国には勝ち目がなく、有効な手が打てないので、核兵器を削減し、中国に恭順《きょうじゅん》の意《い》を表《あらわ》して、友好な関係を保つことにしよう。そのほうが、軍事予算の削減につながり、自国の経済的安定、繁栄《はんえい》にもつながる』と判断したのだ」と見ているのです。

したがって、米中の最近の覇権《はけん》戦争において、中国はすでに勝利したものと考えております。

北朝鮮《きたちょうせん》に関して、中国は、今、国際世論を背景にして、曖昧《あいまい》な態度を取っては おりますけれども、「北朝鮮と中国が軍事同盟を結んでいる」ということを、日本人や日本のマスコミ等は、まるで理解していないようであるし、日本の政府も理解していないようです。そのことについて、裏では、高笑いをしている状況であります。

北朝鮮が、魚雷《ぎょらい》によって韓国の艦艇《かんてい》を沈没《ちんぼつ》させたにもかかわらず、中国が、「中立の立場を取る」ということを平気で言っていても、それに対して、西側社会は何の抗議《こうぎ》もできずにいます。そういう弱さに対して、高笑いの状態に実際は入っていると思われます。

ですから、「五年以内に台湾を取る」ということ、また、「二〇二〇年までに、韓半島、すなわち北朝鮮と韓国を、中国側の指導下において統一する。つまり、十年以内に、朝鮮半島を中国側の属領化のかたちで統一する」ということを考えていて、そして、その間に、日本の島嶼《とうしょ》部《ぶ》の一部を占領《せんりょう》する気でいます。

こうしたことが起きたときに、アメリカが動かなかったり、あるいは、後退していく姿を見せたりしたならば、それを梃子《てこ》にして順番に占領を加えていくつもりでおり、「アメリカは中国と核戦争をする勇気はない」と考えています。

また、宇宙戦略においても、アメリカのミサイルシステムは、すべて人工衛星からの誘導《ゆうどう》によって行われているので、アメリカの人工衛星を同時に撃破《げきは》する方法について、今、急速に検討を進めているところです。中国は、十年以内に、アメリカの衛星を、すべて撃《う》ち落とせる態勢を構築するつもりでいます。

まず、先制攻撃《こうげき》で、アメリカの人工衛星を撃ち落とすことができれば、アメリカの攻撃能力は一気に低下し、イージス艦は機能せず、米国防総省も機能しなくなるものと見ております。

あとは、核戦争や、あるいは、地上部隊の衝突《しょうとつ》等においては、「アメリカ人は命を惜《お》しむので、おそらく、中国と戦う気はないであろう」と考えております。

日本と東南アジアを支配下に置こうと考えている中国

その間《かん》、中国にとって最も大切な戦略は、日本に左寄りの政権、すなわち、中国寄りの政権を続けさせることと、財界の中国シフト、すなわち、中国依存《いぞん》の度合いが高まって抜けられないようにしておくことです。これが、いちばん大切なことであると彼らは考えています。

そして、二〇二〇年から二〇三〇年までの間《あいだ》に、日本の植民地化を進めるつもりでおります。

アメリカが盛り返してきた場合にのみ、そのスケジュールが延びることはありますが、最終的なデッドラインとしては、二〇五〇年までに日本を支配下に置くつもりでおりますし、実は、日本は最終目標などではなく、東南アジア圏《けん》をも支配下に置くつもりでおります。

今、いろいろと揉《も》め事の多いタイとか、その周辺のあたりも、中国軍の南下によって占領されていくことになるはずです。

これが、未来の予想図です。はい。

イスラム圏《けん》が核武装《かくぶそう》し、「逆襲《ぎゃくしゅう》」を始める

A――　次に、イスラム教文明とキリスト教文明の未来について、お訊きしたいと思います。

ケイシー　うん。

A――　経典『世界紛争《ふんそう》の真実』（大川隆法著、幸福の科学出版刊）におきまして、現在、アメリカを指導しているミカエル様と、イスラム教圏《けん》を指導しているマホメット様が、互《たが》いに譲《ゆず》らぬ議論を展開されています。

ケイシー　うん。

A――　今後の、イスラム教文明とキリスト教文明の激突の様相について、さらに、それを解決していく手立てについて、ご教示いただければ幸いです。

ケイシー　今、アメリカのバラク・オバマ大統領が、核《かく》の不拡散を進めています。

それは、当然、北朝鮮やイランにも適用されるはずですが、同時に、「イスラエルにも適用されなければ不公平である」との議論が起きてきます。もし、オバマ大統領が、イスラエルの非核化まで推《お》し進めた場合、イスラエルという国は、地上から、もうすぐなくなります。イスラエルに核兵器がなくなった場合には、この国は、地上から消えるでしょう。

そして、イスラム側では、今、イランが核開発等を行っていますが、このイランと、中国、北朝鮮とは、実は軍事的につながっておりますので、イランの核開発を禁じても、基本的に、中国から核兵器を持ち込《こ》めば済むことではあるのです。

今、北朝鮮も核技術を売っていますが、基本的には、中国が核輸出をしますので、外見上、イランが独自の核開発を止めたように見せても、実際は止まらずに、イスラム圏への核の流出は必ず起こります。

さらに、イスラム圏は、ロシアからも核を買うでしょう。石油でお金を集め、資金が余っているところに、核兵器が買われることになるでしょう。

したがって、イスラエルは、極《きわ》めて高い確率で、今世紀の前半に滅《ほろ》びる可能性があります。

ユダヤ教とキリスト教は別の宗教ではありますが、ユダヤ教は、アメリカやイギリスなど、キリスト教国の心臓部である金融《きんゆう》やメディアを支配しているので、イスラエルが潰《つぶ》されるということは、キリスト教国にとっても、実は、大変なことなのです。それは、心臓部に被害《ひがい》が出ることを意味するわけです。

バラク・オバマ政権、あるいは、その考えを引き継《つ》ぐ政権が長く続いたならば、「平和」を推し進めた代償《だいしょう》として、平和がなくなる状況が起こります。次は、イスラム圏の逆襲《ぎゃくしゅう》が始まります。おそらく、イスラエルの壊滅《かいめつ》を一つの起点として、キリスト教圏への反攻、猛攻《もうこう》が始まると思われます。

また、先進諸国に移民として入っているイスラム教徒たちも、さまざまなテロ活動を同時多発的に行い、内政はそうとう乱れるようになっていきます。

「キリスト教文明」対「イスラム教文明」の戦いは、これから二〇五〇年ぐらいにかけて、非常に高い確率で拡大していくものと思います。

イスラム圏の反撃《はんげき》で弱っていくアメリカ

イスラム教徒側は、「そもそも、仕掛《しか》けたのはアメリカである」と考えています。イスラエルを建てたのは、アメリカやイギリス、その他のヨーロッパの国々です。シオニズム（シオンの地に祖国を再建する運動）を支持して、パレスチナにイスラエルを建てたことが、そもそもの中東の苦しみの始まりなのです。

さらに、アメリカは、かつて、イランを牽制《けんせい》するためにイラクを支援《しえん》したことがあります。イラクはアメリカを信じていたのに、イラクがクウェートに侵《しん》攻《こう》したら、アメリカはイラクを攻撃《こうげき》して潰しました。

そして、イラクが潰れたあと、イランが中東の覇者になろうとして、今、盛り上がってきているわけですが、そのイランを、アメリカは、また攻《せ》めようとしています。

さらに、アフガンでも、タリバン等への攻撃を強化していますが、おそらく一年以内に、アメリカはこの戦いに敗れると思われます。

自爆《じばく》テロによって、アメリカは敗れ、追い出されつつあります。敗北感が漂《ただよ》い、孤立《こりつ》主義に戻《もど》っていくことになるでしょう。

その結果、アメリカは、先ほど言ったように、最終的に、中国とも戦うことができなくなっていきます。中国十三億の人海戦術により、共産党独裁政権の命令一下、「爆弾《ばくだん》を持って突っ込め」と言って内陸戦に持ち込まれたら、アメリカには、全然、勝ち目がありませんので、最終的に、中国との戦いはしないものと思われます。

したがって、次の世の中は、中国を中心とする無神論・唯物論《ゆいぶつろん》国家と、イスラム圏とが融和できるかどうか、両者が協力し合って世界をリードできるかどうかということが、一つのポイントになります。

ただ、イスラム圏に、核大国がたくさん出てくるようであれば、このイスラム圏と中国等との揉め事も多発してくると思われます。イスラム圏は、いずれ、中国か、少なくともロシアから、核を買い、確実に核武装をすると思いますが、その核が、どちらに向けられるようになるかは分かりません。

彼らは、ブッシュ大統領親子がイスラム圏に加えた憎《にく》しみの攻撃を、絶対に忘れておりません。イスラムの人たちは、ゆっくりとではありますが、しつこく反撃をしてきますので、今世紀いっぱい、緩《ゆる》やかに反撃が続いて、アメリカを弱らせていくものと推定されます。

「宗教大国」として世界をリードするのが日本の使命

A――　そういう世界情勢のなかにおける日本の役割については、どのようにご覧になっていますか。

ケイシー　日本は希望の星でした。日本は希望の星でした。

しかし、この国もまた、ある意味では、思想において、すでに中国と同じようになっている面があります。経済の繁栄のみを願い、政治哲学的《てつがく》には、共産主義、社会主義、唯物論思想に染まってきておりますので、中国から見れば、ほとんど同一レベルに近づいていると思われているのです。

日本の希望は、この国が、新しい「宗教大国」として生まれ変わって、唯物論・無神論勢力を駆逐《くちく》し、繁栄・発展のレベルにおいても、自由主義圏をリードするということです。それが、日本の大きな使命であったと思います。

しかし、残念ながら、国民は愚《おろ》かな選択《せんたく》をしており、左翼《さよく》思想に染まったマスコミも、ぬるま湯の状態から出ることができずにいます。

すでに救世主は下生《げしょう》しています。しかし、それを信じる人が多くなり、勢力を急速に拡大しようとすれば、おそらくは、その反作用として、弾圧や攻撃等が激しくなるでしょう。そのため、日本は、事実上の社会主義大国として生き延びる可能性が極めて高いと思われます。

私は、生前、「キリストの再臨《さいりん》が近い」ということを予言で述べております。「キリストの再臨が、一九九八年から二〇〇一年ぐらいまでには明らかになるだろう」ということを、私は、生前、予言として述べています。

そのキリストというのは「救世主」という意味であり、「ナザレのイエスの転生《てんしょう》」という意味ではありませんが、「キリストが再臨する」ということが世界に知らされているわけです。このキリストの再臨によって、日本や世界を救えなければ、世界は、先ほど私が言った方向に動いていくと思います。

現実の勢力としては、残念ながら、「信じる勢力」よりも「信じない勢力」のほうが多く、信ずる者の力が弱いので、世界に大転換《だいてんかん》をもたらすには、遙《はる》かに力が足りないものと思われます。

A――　分かりました。ご指導、ありがとうございます。

それでは、質問者を替《か》わらせていただきます。

ケイシー　はい。

3　日本に「ゴールデン・エイジ」は到来《とうらい》するか

B――　ケイシー様、本日は貴重な機会を賜《たまわ》り、まことにありがとうございます。

先ほど、「日本は希望の星であったが、今は、その役割を果たせずにいる」というお話を伺《うかが》いました。その一方で、「二〇二〇年以降、日本にはゴールデン・エイジが到来《とうらい》する」と言われており（『黄金の法』『フランクリー・スピーキング』〔いずれも大川隆法著、幸福の科学出版刊〕参照）、現在ただいまも、幸福の科学は、その黄金時代を到来させるために努力しております。

ケイシー様の目には、このゴールデン・エイジというものが、どのようなビジョンとして見えておられるのでしょうか。また、そうした時代を拓《ひら》こうとしている幸福の科学に対して、アドバイスをいただければ幸いです。

二〇一〇年現在、予定の五十分の一も進んでいない

ケイシー　はい。その二〇二〇年から二〇三七年にかけての「ゴールデン・エイジ」というのは、主の立てられた計画です。

これは、主のキリストとしての再臨と、その再臨運動の広がりが本物になれば、そのようになるはずであったのですが、二〇一〇年現在の、世間への浸透《しんとう》度《ど》や知られ方、教団の力、外国への浸透度、その他を総合すると、予想してい

たレベル、あるいは予定していたレベルから見て、五十分の一も行《い》っていないのではないかと思います。

残念ながら、組織としての力が十分ではなかったと思われますね。要するに、人間の力が及《およ》ばなかったのです。この世で既成《きせい》の権力を張っているものの力のほうが遙《はる》かに強く、それを打ち破ることができなかったということです。

したがって、二〇一〇年の現時点で見て、二〇二〇年から二〇三七年のゴールデン・エイジを起こせるかと言えば、パーセンテージ的には、五パーセントぐらいの可能性しかないですね。

幸福の科学における「失われた二十年」

B――　今、非常に低い数字を示されたわけですが、その五パーセントの可能性に賭《か》けるために、私たち幸福の科学にできることを、お教えいただきたいと思います。

ケイシー　だからね、嘘《うそ》があったと思うんですよ。この教えは広がりましたが、また、弟子《でし》たちが縮めてしまいました。途中《とちゅう》でね、かなり縮めてしまいました。ここに嘘があったと思いますね。

力が足りなかったのです。遙かに足りなかったと思いますね。

本来は、もっと広がらなければならなかったのに、幸福の科学において「失われた二十年」があるんですよ。今、幸福の科学に現れている力は、一九九〇年ぐらいに、もうすでに現れていた力です。その後、二十年、足踏《あしぶ》みしていたために、失われたものがかなりあるのです。

それは、教団組織をつくるために失われた時間です。弟子の集団が〝サラリーマン〟と化して、教団組織のなかに〝勤め先〟をつくるために使われた二十年なのです。救世運動として使われるべき二十年が失われて、その分、遅《おく》れたのです。

やはり、この世的な力が足りなかったと思われますね。そのために、主の力を弱めました。明らかに弱めましたね。二十年遅れたと思われます。一九九〇年の延長上に現在があったならば、理想は成就《じょうじゅ》していたはずですけれども、二十年が失われました。そして、その遠回りした部分を取り返すことができずにいるんですね。

比喩的《ひゆてき》に申し上げるならば、「日本という国が、かつてローマの属領であったユダヤの地のようになるかもしれない」という地点に、今、差し掛《か》かっているのです。日本は、「〝ローマ皇帝《こうてい》〟である中国によって、今、ユダヤの国のように属領化され、滅《ほろ》びるかもしれない」という地点に立っています。

救世主が出るときというのは、いつも、そうした人類史上の大きな賭けになるような場合が多いのですが、世界は、悪魔《あくま》の勢力を強くするほうを望んだわけです。

ソ連邦《れんぽう》を崩壊《ほうかい》させたときには、われらは、「神の側が勝つ方向に進んだ」と喜んでいたのですけれども、一九九〇年以降、悪魔の逆襲《ぎゃくしゅう》が起きてきました。

自由主義陣営《じんえい》の慢心《まんしん》と、信仰心《しんこうしん》の低下、あるいは唯物論《ゆいぶつろん》の下《もと》での経済繁栄《はんえい》が日くらましとなり、神の力を弱めているんですね。

さらに、宗教間の紛争《ふんそう》が多発して、宗教への信頼感《しんらいかん》も薄《うす》まっているということです。

したがって、現時点での可能性として、あなたがたのなすべきことは、もう、未来への遺産を遺《のこ》すしかないのです。かつてのムーやアトランティスのようになってしまった場合、未来に精神的遺産を遺すためには、「世界各地に、この思想を弘《ひろ》めておく」という以外に方法はありません。

二十年という歳月《さいげつ》が失われてしまいました。その結果、「日本一国が、世界を救う」という希望は、現在では、限りなく小さいものとなりました。

二〇五〇年以降、全体主義的な体制が世界を支配する

B——　それでは、もう少し長期的なスパンでお伺いします。これから百年後、二百年後の人類のビジョンについて、お教えいただければと思います。

ケイシー　まあ、アメリカの繁栄が、まだ百年か二百年は続くと予想していたんですけれども、意外にもろく、今後、有力国の一つに転落していくものと思われます。

西暦《せいれき》二〇五〇年を過ぎたら、アメリカは、まあ、どうでしょうか……。今で

言うと、ヨーロッパの一国程度の力、ドイツ程度の力しかなくなっていくだろうと思われます。

世界は、群雄割拠《ぐんゆうかっきょ》の状態になっていくでしょうけれども、そのなかで、おそらく、中国が、スーパーパワーとして出てくるでありましょう。

それは、神に敵するものとしての、無神論・唯物論とのもう一段の戦いになるだろうし、これを滅ぼすものとしては、おそらく、イスラム圏《けん》にその可能性があるとは思います。ただ、そのイスラム圏も、全体主義的傾向《けいこう》を非常に強く持っていて、共産圏になり代わることができるような全体主義的平等社会です。

したがって、今、あなたがたが説いている「自由の大国」には程遠い国が出来上がります。人類は、おそらく二〇五〇年から二一五〇年ぐらいまでの間、非常に抑圧《よくあつ》された全体主義的な支配下で、また、失速する経済のなかで生きなければならない可能性が極《きわ》めて高いと言わざるをえません。

B――　分かりました。私たちは、あきらめることなく、主の教えを全世界に広げるために精進《しょうじん》してまいります。

ケイシー　うん。

B――　それでは質問者を替《か》わらせていただきます。

4　人類は危機を乗り越《こ》えられるのか

C——　エドガー・ケイシー先生、本日はまことにありがとうございます。私は、雑誌「ザ・リバティ」編集部の◯◯と申します。

ケイシー　うん。

C——　本日は、直接ご指導を賜《たまわ》り、また、これまでも、婦人病に関するご教示や、「強力ダイエット祈願《きがん》」などを賜り、本当にありがとうございます。

先ほど、人類の未来について、たいへん厳しいお見立てがございました。

ケイシー　うん。

C――　今後、中国あるいはイスラム圏《けん》が力を持った場合、世界は、全体主義の方向に流れていくという見通しをお示しいただきました。

ただ、二十世紀末のノストラダムスの予言や、あるいは、「一九九八年までに日本が沈没《ちんぼつ》する」というケイシー先生の生前の予言は……。

ケイシー　沈没したではないですか、現実に。

C――　はい……。こうしたかたちで「沈没した」ということですね。

ケイシー　うん。

C――　ただ、ノストラダムスの予言は回避《かいひ》されたわけです。

そこで、今後、われわれが危機の時代を乗り越えていくために、そうした危機の予言を回避する仕組み、システムについて、お教えいただければと思います。

人類に対する「裁き」は、もう始まっている

ケイシー　まあ、この世にはこの世のルールが働いておりますので、あの世の霊人《れいじん》が、あれこれと言っても、そのとおりには動かないところがあります。ちょうど、棒でつついても、亀《かめ》が走らないのと同じ状態なんですね。思うように動いてくれないでしょう？　亀を棒でつついても、思うような方向に走らせることはできず、勝手な方向にのろのろと動いていきます。あれが、この世の姿そのものなんですよ。

だから、われらが、いくら声を大にして言っても届かないんです。もし、われらの語る真理が、神の声として、あるいは神近き高級神霊の声として、届い

ているならば、例えば、雑誌「ザ・リバティ」の発行部数は、少なくとも百倍ぐらいはないとおかしいのですが、残念ながら、現実はそうはいかないでしょう？　ねえ。

真実を伝えているつもりなのに、残念ながら、読んでくださる方は少なくて、どれも似たようなことを書いている俗悪《ぞくあく》な週刊誌ばかりが売れている状況《じょうきょう》です。したがって、現実に、この民《たみ》は、今、「裁き」を受けるかどうかの分岐点《ぶんきてん》に差し掛《か》かっていると言わざるをえません。

C――　人類に大きな裁きが来るかどうかという点については……。

ケイシー　だから、もう始まっているんです。すでに、天変地異《てんぺんちい》等が多発し始めているでしょう？　大きな地震《じしん》や津波《つなみ》、火山の爆発《ばくはつ》などが。地震も大きなものが、最近、幾《いく》つかありましたでしょう？　津波もありましたね。インドネシアの大津波もありましたし、それから、アイスランドで火山が噴《ふ》き、最近は、エクアドルあたりでも火山の爆発がありましたね。

ええ、そろそろ始まろうとしているんです。

宇宙人は人類をどう見ているか

C――　幸福の科学では、「こうしたカタストロフィー（大変動）が来ようとしているときには、宇宙人の介入《かいにゅう》が始まるようになる」という教えも説かれております。

実は、昨今、宇宙人の目撃《もくげき》等が非常に増えておりますし、宇宙人をテーマとした映画なども増えております。

また、先日は、アメリカのテレビ番組で、スティーブン・ホーキング博士が、「宇宙人は絶対に存在する。ただ、安易なコンタクトは避《さ》けるべきではないか」というような意見を述べていました。

今後、宇宙人と地球人のかかわりについては、どのようになっていくのでしょうか。

ケイシー　まあ、あなたがたは、みな宇宙人なんですよ。ルーツを探ればね。宇宙から来た魂《たましい》たちが、今、地球人をやっているのです（『太陽の法』『「宇宙の法」入門』『宇宙人との対話』〔いずれも幸福の科学出版刊〕参照）。

いろいろな宇宙人がやって来て、いろいろな要素をもって文明実験をし、「地球的文明」をつくろうとしているのですが、あまり、よい方向に行かなくなったときには、その繁殖《はんしょく》している人類は、口蹄疫《こうていえき》にかかった牛のように殺処分されるのです。

今、宮崎県《みやざきけん》では口蹄疫が流行《はや》っていて、牛が殺処分されているでしょう？　その牛たちは、かわいそうでしょう？　百年もかかって、せっかくあれだけの種牛をつくったのに、殺さなければいけないわけです。そうした業界や厚生労働省とかかわりのない者から見れば、「かわいそうな話」ですよね。しかし、牛たちは殺されて埋《う》められるでしょう？

同じことが、人類にも起きるということです。悪い思想があまりにもはびこって、この世の現象が悪くなったら、いったん〝埋められてしまう〟ということです。

実は、今の人類など、遺伝子操作によって、いくらでもつくれるのです。ですから、宇宙から介入があるとしても、〝汚染《おせん》〟されていない人たちを一部残しておけば、新たに人体創造をして、増やすことは可能なのです。新しい人体を創造して、新しい魂を宇宙からたくさん送り込《こ》めばよいだけなので、あなたがたは、口蹄疫にかかった牛と同じだと思われているのです。

「ザ・リバティ」を読んでいる人だけは、〝殺処分〟されないかもしれませんが（笑）、読んでいない人たちは〝殺処分〟されるでしょう。

だから、〝殺処分〟される人のほうが遙《はる》かに多いのですが、そういう大規模な〝殺処分〟をするということになると、やはり、天変地異や、伝染病のパンデミック（世界的大流行）のようなものが、そうとう激しく襲《おそ》ってくることを意味しています。

世界的な流行病《りゅうこうびょう》で数千万から億単位の人が死んだり、地震や火山の爆発や津波などの天変地異が数多く襲ってきたりするような状態になるということですね。

そういう状態が来るので、救世主が地上に降りているのです。灯台の光として、救世主が降りてはいるのですが、今のままであれば、人類は、宮崎の牛と同じになるでしょうね。

C――　分かりました。

〝レギオン〟が解き放たれ、サバイバルの時代が始まる

C――二十世紀においては、科学が非常に発達し、特に、ケイシー先生が得意とされた医療《いりょう》の分野もかなり進みました。

ただ、科学が進めば進むほど、医療技術が進めば進むほど、逆に病気が増えていくという現象も起きてきました。この科学の進歩、あるいは医療の進歩というものは、今後、どのようになっていくのでしょうか。

今、口蹄疫のお話も出ましたが、科学や医療技術の進歩によって、こうした伝染病や、あるいは癌《がん》などの病気と、人類が無縁《むえん》でいられるような未来が拓《ひら》けるのでしょうか。

ケイシー　ですからね、病気が治ったり、長生きすることによって、神仏への感謝が生まれ、人々が正しい方向を向くならば、それは肯定《こうてい》されるのです。

けれども、「人間の力によって病気を治せて、長生きができる」ということによって、無神論・唯物論的《ゆいぶつろんてき》な傾向《けいこう》が強くなるのであれば、それは、素直には、受け入れられないものがあります。したがって、そういう唯物的な医学が進めば、さらに医学で治せない病気がつくり出されていくようになりますね。

つまり、あなたがたがまだ出合っていない、悪性の病気が発生するということです。すでに、〝レギオン〟［注1］は解き放たれております。

そうした、人類を悪性化し、狂《くる》わせるものたちが解き放たれているので、これらが人々に乗り移って、さまざまな新しい病気を起こしていくだろうと思います。

人々が信仰《しんこう》に目覚めるまで、これは終わらないのです。

C――　その〝レギオン〟というものは、例えば、何かの細菌《さいきん》や、第二のエイズのようなかたちで、実は、すでに解き放たれているということでしょうか。

ケイシー　ええ。すでに解き放たれています。それが病気として認識されるには、もう少し時間がかかりますが、十年もたたないうちに、手が打てない新しい病気が流行っていることが分かるでしょう。もう、すでに解き放たれました。しかし、まだ、気が付いていないと思います。

C――　そうした新しい病気等も出てくるということで、人類の未来は、いよいよ大変ですが、その一方で、未来の世界経済を支えるような、新しい技術や産業の芽というものは出てくるのでしょうか。もし、ケイシー先生の目に見えているものがありましたら、お聴《き》かせ願いたいと思います。

（約七秒間の沈黙《ちんもく》）

ケイシー　まあ、残念ながら、進歩・発展のみを望んだとしても、文明の退行現象が出てくるでしょう。今後は、直線的な進歩・発展はなく、もう一度、振《ふ》り出しに戻《もど》るようなことが数多く起きるだろうと思います。

おそらく、農業においては、農作物をつくってもつくっても、食べられないようなものしかできなくなることが起きて、そのショックで人々が悩《なや》むようなこともあるでしょう。また、海の魚を獲《と》って食べようとしても、予想外の汚染があったり、あるいは病原菌を持っていたりして、食べられないようなことが起きてくることもあると思われますね。

それから、空気感染をする病気でも、予想外の感染力を持ったものが出てきます。例えば、あなたがたも、花粉症《かふんしょう》でマスクを付けて歩いていたら、ほとんど仕事ができないでしょう？　そのような状態になって、ほとんどの人がマスクを付け、酸素ボンベを背負って歩いている生活を想像してみてください。仕事にならないですよ。

だからね、今のままだと、もう、「サバイバルの世界」に入っていきます。直線的に進歩・発展する未来ではなくて、サバイバル時代が始まるのです。要するに、もう一度、時代を引き戻して、「人類が生き延びるための手段、方法は何なのか」ということを考えなければいけなくなる時期が、もうすぐ来ると思います。

人類は「反省の時期」を迎《むか》えている

C——　そうしますと、この大変なサバイバル時代というのは、ある意味で、人類が、地球規模での「反省の時期」を迎《むか》えているということでしょうか。

ケイシー　反省の時期なんです。反省させなければいけないんです。

C――　そのような時代が来るならば、幸福の科学が中核《ちゅうかく》となって頑張《がんば》らねばならないと思いますが……。

ケイシー　そうなんです、そうなんです、そうなんです。でも、客観的に見て、五十分の一しか、もっと言えば、百分の一しか力がないんです。

C――　はい。そのような現状において、決して他力《たりき》を頼《たの》むわけではないのですが、ケイシー先生の大きな力の一つに、ライフ・リーディングの力がございます。

ケイシー　うん。

C――　例えば、今、世界の政治的指導者、科学的指導者、経済的指導者たちのなかで、過去世《かこぜ》において、そうした危機を乗り越《こ》えるような経験を積んだ優《ゆう》秀《しゅう》な方がおられましたら、ぜひ教えていただきたいと思います。

ケイシー　もう、過去に名のある天才であったとか、偉人《いじん》であったとかいうことだけでは、現代の問題は解決できません。この教団では、明治維新《めいじいしん》の志士たちの霊言などを出して、現代の問題について意見を言わせていますが、明治維新を起こせた人でも、現代の問題は解決できないのです。

現代の問題は、もっと難しいのです。現代の問題を解決できる人が出るかどうかは、もう、ほとんど賭《か》けですね。維新の志士であるとか、あるいは、日本の国づくりの神であるとか、そういう人が出たとしても、必ずしも、今の問題が解決できるとは言えません。

また、科学者のほうも、過去の文明において活躍《かつやく》した人が出たとしても、今の問題を解決できるとは思えないのです。

例えば、過去世で、クフ王のピラミッドを設計した人や、その工事を指揮した人がいたとしても、今の「中国の原子力潜水艦《せんすいかん》をどう食い止めるか」という問題に対しては、まったく無力です。

やはり、現代においては、「現代の人材」を生み出す以外に方法はありませんね。過去世がどうであれ、今、その人が役に立つという保証はありません。

Ｃ――　ということは、現代は、価値観においても、技術においても、過去の模範《もはん》解答は、もはや通じない時代であるということでしょうか。

ケイシー　うーん……。だから、神の心から言うと、もう滅《ほろ》ぼさなければいけない段階まで来ているんです。

アトランティスも、ムーも、ラムディアも、みな、ある意味で核戦争のようなものを経験しているのです。そういうものを経験したあと、大陸が沈んでいっているのです。

したがって、今の人類は口蹄疫のようなものにかかっているので、とにかく、処分されるんです。

殺処分は、牛のほうから見れば、まったく不合理な話でしょう。「自分たちがつくった病気でもないのに、なぜ、こんな目に遭《あ》わなければいけないのか。こんな不幸が、この世にあってよいものか」と思っていることでしょう。

人類は、牛にとって神に当たるわけなので、「神である人類は、なぜ、われわれのように、特に選ばれた優秀な牛を滅ぼすような残酷《ざんこく》なことをするのか」と、牛たちは、理不尽《りふじん》な思いでいっぱいでしょうね。

だから、「人類は、牛と同じ立場に立ちますよ」と言っているわけです。人類から見れば、理不尽なことだけれども、「それが当然である」と見える立場にいる者もいます。実は、宇宙から見ている者にとっては、滅ぼされて当然と思えるような間違《まちが》いを、今、人類が犯しているということなんですね。

C――　ケイシー先生から、人類の現状や今後の見通しなどについて、本当にたくさんのことを教えていただきました。

私たちは、決してひるむことなく、わずかな可能性に賭けて精進《しょうじん》してまいりたいと思います。

ありがとうございました。

ケイシー　うん。

C――　それでは、質問者を替《か》わらせていただきます。

［注1］『新約聖書』に出てくる凶暴《きょうぼう》な悪霊（集合霊）の名。ある男性に取り憑《つ》いていたが、イエスに名を問われて、「自分たちは大勢だから、レギオンである」と答えた。レギオン（Legion）は、もともとローマ軍団の名称《めいしょう》。ここでは、「人類に災いをもたらす悪性の病気」という意味で使われている。

5　人類に残された「最後の希望」とは

D――　本日は、近未来の世界情勢について、また、人類の未来について、ご教示を賜《たまわ》り、まことにありがとうございます。第一編集局の○○と申します。

未来に関して、特に、今、世の中で話題となっているものに、「二〇一二年問題」があります。古代マヤ文明の「マヤ暦《れき》」によれば、紀元前三千百数十年ごろに始まった「第五の太陽の時代」が、二〇一二年十二月二十二日で終わっているため、「その日に人類が滅亡《めつぼう》するのではないか」という解釈《かいしゃく》による終末論が、精神世界系の一部では言われております。

ケイシー　うん。

D――　また、そのような内容をテーマとする映画も、アメリカのハリウッドなどでつくられ、そういう危機が喧伝《けんでん》されているような状況《じょうきょう》です。

この数年の間に、本当にそのようなことが起きるのでしょうか。

また、一方で、科学的な立場からも、例えば、「フォトン・ベルト」というものが問題視されています。

一部の科学者、あるいはスピリチュアル系の分野の方々の研究によれば、「プレアデス星団を中心として、ドーナツ状に広がった電子の帯、つまりフォトン・ベルトがあり、まもなく地球はそこに突入《とつにゅう》していく」というようなことが言われています。

その時期は、やはり二〇一二年、あるいは今後三年以内ぐらいではないかと推定されており、そのときには、電磁波等の影響《えいきょう》で天変地異《てんぺんちい》が起きるとも言われています。

先ほどのお話でも、「すでに天変地異が始まっている」とのことでしたが、フォトン・ベルトの影響によって、そうした現象が起きているのでしょうか。

これも一つの大きなテーマとなると考えますので、この点について、ご教示いただければ幸いでございます。

フォトン・ベルトがもたらす「高熱化」「天変地異」「寒冷化」

ケイシー　今、あなたは恐《おそ》ろしいことを訊《き》かれました。

そのフォトン・ベルトの説が本当に現実化した場合、地球は電子レンジのなかに入れられたような状態になるんです。電子レンジのなかに入れられ、スイッチを入れられたら、あらゆる生き物は、大変な目に遭《あ》うでしょう。

どういうふうになるかと言うと、まず、〝電子レンジ〟のなかに入れられるわけですので、電子のようなものが地球に降り注ぐわけですが、それによって地球の内深部で高熱を発し、それが影響を及《およ》ぼして、さまざまな地殻《ちかく》変動を起こしていくことになります。それと同時に、外面部では、海水温度の上昇《じょうしょう》や気温の上昇が起きるわけです。

今、CO_2の排出《はいしゅつ》基準を設けて、「地球の温暖化を防ごう」などと言っていますけれども、まったく無駄《むだ》ですね。フォトン・ベルトによって、電子レンジのなかに入ったような状態になり、それで温暖化が起きるのであれば、CO_2が出ようが出まいが関係がないことでしょうね。

これは、火山の爆発《ばくはつ》や大陸の陥没《かんぼつ》・隆起《りゅうき》など、そういう、地球自体のさまざまな液状化現象が起きることを意味しています。

それと、火山の爆発が数多く起きると、火山から噴出《ふんしゅつ》するガスが地球を覆《おお》い、地上に日が射さなくなるので、高温化したあと、急速な寒冷化現象が起きるのです。

つまり、「まずは高温化し、そのあと、寒冷化が起きて、地球全体が寒帯入りする」という可能性があるんですね。

灼熱《しゃくねつ》地獄《じごく》のあと、寒冷地獄が来るわけですが、この間《かん》を生き延びる生命体は、どれだけあるか。それを生き延びるだけの耐性《たいせい》があるものは、どれだけあるか。

まあ、それは、実験してみなければ分かりません。

古代にも、そうした、さまざまな生命種が絶滅した時代は何度もありますが、「そういう時代に、今、入るかもしれない」ということですね。

あなたがたは、地球の「高熱化」「天変地異」、そして、そのあとに来る「寒冷化」という、この三つの試練を乗り越《こ》えることが、はたしてできるかどうかです。それが試されるでしょうね。

D――　過日、大川隆法総裁が、アトランティス時代のアガシャー大王を呼んで霊言《れいげん》をされたときに、アガシャー大王がおっしゃったことは、「CO_2の増加によって、温暖化ではなくて、逆に寒冷化が起きてくる」ということでした。[注2]

ケイシー先生の未来ビジョンとしては、中国の軍事的脅威《きょうい》等、地上界での人類の抗争《こうそう》や戦争とは別に、天変地異なども併《あわ》せて起きてくる可能性があるということでしょうか。

ケイシー　先ほど、私は〝レギオン〟と申しましたが、そうした悪魔《あくま》、悪霊《あくりょう》の軍隊もまた、神が人類を滅ぼすときに使う舞台《ぶたい》装置の一つではあるんですよ。普段《ふだん》は牢獄《ろうごく》に入れられているものが、解き放たれるときが来るのです。

これは、比喩的《ひゆてき》には、「パンドラの箱が開《あ》く」ということでもあって、ありとあらゆる悪が、この地上に蔓延《まんえん》することがあるのです。そして、パンドラの箱の最後に残っているのが、「希望」というものですね。その希望こそが、「救世主」です。

「新しい国づくり」が実現しないと、「地球再生の扉《とびら》」が開く

D―― 今、地上には、その「希望」である救世主が下生《げしょう》されており、過日、マイトレーヤー如来《にょらい》の霊言でも、「主エル・カンターレの下生は、最後のカードが切られたということである」と述べておられました。［注3］

そこで、「天上界《てんじょうかい》の計画」について、お伺《うかが》いさせていただきます。

『黄金の法』のなかには、現代の日本に下生されたエル・カンターレの説か

れる法が、全世界に広がっていくということや、今後、例えば、タイのバンコクにガブリエルが生まれたり、インドネシアのジャカルタにエリヤが生まれたり、オーストラリアに孔子《こうし》が生まれたりするということが、さまざまに説かれています。

ケイシー　それは、人類に未来があった場合の話です。

D――　はい。先ほど、「天上界の諸如来、諸菩薩《しょぼさつ》、その他の高級霊の方々が、声を大にして叫《さけ》んでも、この世の人々は『棒でつついても動かない亀《かめ》』と同じだ」と教えていただきましたが、天上界からは、やはり見ているしかないのでしょうか。

天上界から、「教え」はいただいているのですが、何らかの秘儀《ひぎ》や、霊的な影響というものを地上に降ろすことは、この世の法則との関係でなかなか難しいことなのでしょうか。

あるいは、そういう天変地異等は、人類の地上界での学びとして、絶対に経験しなければいけないことなのでしょうか。

ケイシー　まあ、あなたがたは、政党をつくって、「新しい国づくり」ということを訴《うった》えていますが、この新しい国づくりが実現しなかった場合、次に来るものは、「地球再生」なんですよ。

地球そのものを再生させなければならなくなるので、もう一段、大きな扉《とびら》が開いてきます。

今、あなたがたは、「単なる改革ではなく、新しい国づくりが必要だ」ということで、昨年に続いて今年も政治運動をしておりますが、流れとしては、敗れる方向へ動いていると私は思います。

おそらく、あなたがたの救世運動は、残念ながら、この国を救えない。そういう方向に、今、動いているし、この国を救えないだけではなく、この国と関係のある国々をも救えない方向へと動いている。そう思われますので、次は、「地球再生の扉」が開かれることになるでしょう。

地球再生の扉が開かれたときには、どうなるかというと、今、説かれている「宇宙の法」は序章ですけれども、宇宙からの介入《かいにゅう》が始まります。先ほど言ったように、〝百年かかってつくった宮崎《みやざき》の種牛〟が滅ぼされたら、新しいものをつくるしか方法がなくなるので、宇宙からの介入が本格的に始まり、地球のつくり直しに入るのです。

つまり、地球人の手によって、地球をつくり変えることに失敗したならば、次は、宇宙人の手によって、地球のつくり直しが始まるということです。

宇宙人の手によって、地球再生が始まるということは、地球に介入してくる宇宙人のリーダーたちが、次の時代の「神」になるということです。要するに、「地球の神は滅びる」ということです。

D――　非常に衝撃的《しょうげきてき》な未来予想ですが、こうした事態は、この地球という星が創造されて以来、初めて経験することなのでしょうか。

ケイシー　そうでなければ、エル・カンターレが下生するはずがありません。

単なる宗教改革であれば、それは菩薩の仕事です。

今、「地球人類救済の最後の戦い」をしている

D――　霊天上界の計画として、こうした危機に対応するために、例えば、この日本には、大量の菩薩や如来を、考えられないほどの比率で降ろされたというようなこともお聴きしていますが、そういう方々の目覚めの度合いとも関連はあるのでしょうか。

ケイシー　ですからね、地球を浄化《じょうか》するには、少なくとも、億の単位の人が要《い》るんですよ。億の単位の信者がいなければ、不可能なんですよ。

今、全世界の人口は、まもなく七十億人を超《こ》えようとしているのでしょう？　そして、もうすぐ百億人に行くのでしょう？

億の単位の信者がいなければ、変えられないですよ。

あなたがたの努力は、残念ながら、成功していないのです。自分たちが食べていけるレベルの団体をつくることには成功したけれども、世界を救うのには足りないのです。現時点での判定としては、残念だけれども、成功していないのです。

今、地球人の手による「地球人類救済の最後の戦い」をやっているところですが、この戦いに敗れた場合、先ほど、怖《こわ》い未来の話もしましたけれども、次は、宇宙人が介入してきます。

宇宙人が、地球人に、「正義とは何か」「真理とは何か」ということを教えてくれます。地球人が、地球人に対して説教をしても、地球人は言うことをきかないので、宇宙人が介入してきます。

そういう悪質な人類は、宮崎の牛のように埋《う》められます。そして、新しい人類が創造されるはずです。

今は、遺伝子操作で、人類をいくらでも増やすことができます。彼らは、そういう技術を持っているし、すでに、だいぶ前から、宇宙人と地球人の混成人種の製造についての研究は、ずいぶんなされているのです。あとは、その時期が来たら、解き放つのみです。

今のままの地球人では、もう駄目なので、宇宙人との混合体としての「新しい人体」の創造まで視野に入っているのです。

今は、地球がどうなるかを見ている最後の段階です。救世主の仕事を、宇宙から見届けているところです。そして、救世主が、「事、成就《じょうじゅ》できず」ということであれば、宇宙人が介入してきて、「地球再生」が始まります。

D―― そうしますと、例えば、四百年後にイエス・キリストが再誕されるということも言われていますが……。

ケイシー そんな予言は、全部はずれます。今、幸福の科学の言っている「ゴールデン・エイジ」が開かれなかった場合には、それ以後の予言は、全部はずれます。まったく無視してください。その筋書きは、全部はずれます。

宇宙からの介入によって、もう一度、創世記が始まります。そういうことは、過去、何度も起きていることであり、別に不思議なことではないのです。

過去に、何度も、創世記は起き、何度も、新しい人種がつくられ、ラムディア種、ムー種など、いろいろな時代の人類があったのです。あなたがたは、今では想像もできないでしょう。

例えば、身長が三メートルもある人類、五メートルもある人類、手が四本もある人類など、想像がつかないでしょう。目が三個ある人類も、想像がつかないでしょう。

そうした人類が、過去には、実際に生きていたんです。しかし、今は生きていません。滅びたのです。

「そのようなことが、また起きる」ということです。そして、今の文明は、人類の記憶《きおく》からは消えていきます。

この地球は、地球人だけのものではないのです。地球というのは「宇宙の実験場」なのです。

ですから、「どういう文明をつくるか」「その文明が成功するかどうか」という、その帰趨《きすう》を見て、もし駄目であれば、新しい文明を再スタートさせるときが来るということですね。

大きな反省期を経なければ、人類は「宇宙の仲間」に入れない

D――　人類の歴史を振《ふ》り返ってみますと、ラムディア、ムー、アトランティスの三文明は、共に科学が発達しましたが、しだいに人々が霊性を見失った結果、大きな天変地異や、さまざまな衝撃を受けて大陸が沈没《ちんぼつ》していきました。

地球の歴史のなかでも、エル・カンターレ下生という、この奇跡《きせき》の時代にお

いて、天上界のほうでは、霊的には全力で支援《しえん》しつつも、現実の活動は地上の人間に任せて見守っているしかないということなのでしょうか。

ケイシー　先ほど、「今、中国は、『周りの国を植民地にしよう』と考えている」と申しましたけれども、そういうことを考えている中国の上空には、「地球を植民地化しよう」と思って、地上を見ている者もいるということですね。

科学技術の文明差は、もう、百年から千年は開いていますから、そのくらい簡単なことですし、地球人がルールを破ったときには介入が可能になるので、今、「地球人がルールを破るかどうか」を見ているところですね。［注4］

「人類は、もうすぐルールを破るのではないか」と見て、彼らは、もう準備を始めております。

D――　宇宙人と地球人との間には、千年の開きという圧倒的《あっとうてき》な科学技術の差があるわけですが、例えば、古代インカのリエント・アール・クラウド王の時代にも同様のことがあり、そのときには、心の世界の神秘というものを説き、愛と祈《いの》りの力で宇宙人を撃退したと……。［注5］

ケイシー　いや、そうは言っても、その時代の文明の発達度は、宇宙人から見れば、まだまだ赤子のごときものでした。

今の人類は、宇宙を進出の土俵として考えられる時代に入っておりますので、昔とは文明のレベルが違《ちが》います。昔は、彼らも手加減をしておりましたが、今は、もう、「手加減しないレベル」に入ろうとしているということですね。

今の地球は、国にたとえて言えば、「国連に加盟することがまだ認められていないレベル」にあります。それが、この地球という星の現在のあり方です。宇宙における〝国連〟には、まだ加盟できないレベルであり、「一度、地球のあり方を軌道《きどう》修正しなければ、宇宙の仲間には入れてもらえない」という段階にあるわけですね。

宇宙の仲間に入る前に、一度、大きな反省期を経る必要があると思われるのです。

地球人類のほとんどが魂《たましい》の病気にかかっている

D――「地球の人類は、今、反省の時期にある」ということを教えていただきましたが、それは、やはり、思想的な部分についての反省でしょうか。

つまり、「唯物論《ゆいぶつろん》を反省し、目に見えない世界を信じ、信仰《しんこう》を取り戻《もど》す」ということ、そうした、宗教的、精神的な面で、人類が懺悔《ざんげ》をしていくなかで、希望が見えてくるということでしょうか。

ケイシー　うーん、まあ、はっきり申し上げますと、キリスト教国においても、表面上はともかく、本当の意味では、もう、キリストの教えを信じていないと思うのです。

そして、言いにくいことですが、生前、私が予言したように、アメリカ合衆国にも、これから大変な危機がやってきます。要するに、国そのものが、地上的な意味において、現在の形態を留《とど》めないようなかたちに変化していく時代が近づいております。

現実には、「米国、必ずしも善ならず」というところがあります。アメリカが、神の国として君臨しているうちはよいのですが、「神への信仰が形骸化《けいがいか》し、神をお飾《かざ》りに使って、人間的な野望の国として、さまざまな悪事をなした」と判定されたならば、アメリカは、国力を削《そ》がれるような姿へと変貌《へんぼう》していくだろうと推定されます。

それは、さまざまな大陸的陥没が起きるなど、アメリカを弱小化していく力が働くということです。

D――　その方向は、すでに決定されているのでしょうか。

ケイシー　いいえ、決定はしていません。ただ……。

D――　どのあたりが変数になるのでしょうか。地上界の努力の範囲《はんい》は、どのくらいあるでしょうか。

（約五秒間の沈黙《ちんもく》）

ケイシー　まあ、希望は、五パーセントあります。

D――　五パーセントですか。ケイシー先生が、サリエル様として、三億年以上前から地上をずっと見てこられたなかでも、この状況というのは、かつてななかったほどのものでしょうか。

ケイシー　まあ、あなたがたは、当事者であるから、ものすごく大変なことのように思うのです。

先ほどから、何度も例に出して申し訳ありませんが、宮崎県の畜産《ちくさん》農家にとっては、大事にしていた牛を皆殺《みなごろ》しにするのは、もう、天変地異にも相当するような驚天動地《きょうてんどうち》のことなんですよ。宮崎県のいちばんの売り物であり、宝であるものを、皆殺しにして埋めるなどということは、もう涙《なみだ》も涸《か》れて、死んでしまいたいぐらいのことなんですよ。

しかし、他の県に住んでいる人から見れば、自分たちの県に病気が広がっては困るので、「処分するのは当然でしょう」と、理性的な判断が働きます。

あなたがたは、今、そういう牛と同じ立場にあるということです。

今、地球そのものが、宮崎県で口蹄疫《こうていえき》が広がっているような状況にあるのです。この状態で、人口が百億人に増え、肉体のなかに宿った魂が、みな同じような〝病気〟にかかるのであれば、それを許すことはできないのです。

やはり、〝病気に感染した牛〟は、消し去らなければいけなくなってくるんですね。

まあ、牛たちを殺すのは非情かもしれないけれども、現実には、やらざるをえないでしょう？

単純な仏法真理《ぶっぽうしんり》を日本国中に知らしめ、納得させられるか

D――　私たちは、主の教えを信ずる弟子《でし》として、不十分ながらも努力を続けてきた者です。今日のお話を聴いて、仏弟子一同、「五パーセントの可能性に賭《か》ける」という一念が、深く心に穿《うが》ち入ったのではないかと思います。そして、それが、人類にとっての唯一の希望だと思います。

ケイシー先生のマクロの目で見て、五パーセントという確率ではあるのでしょうが、そうした危機は重々理解し、受け止めつつも、一縷《いちる》の望みとして、この五パーセントを、六パーセント、七パーセントへと、わずかながらも上げていくために、この教団を支える一人ひとりの魂に対して、信仰についてのアド

バイスがありましたら、ぜひ、お願いしたいと思います。

ケイシー　いや、日本人が、ちゃんと神仏を信じ、あの世、霊界を信じ、「仏《ぶっ》法真理《ぽうしんり》を学ぶことが、人間としての基本である」ということを知り、「仏法真理の具体的な展開として、学校教育やさまざまな職業があるのだ」ということに気づけば、いちおう、それで、仕事としては終わりです。

ただ、私が今、一分以内で述べた、この単純なことを、日本国中に知らしめ、納得させることができないのです。それができないのです。

彼らは、「自分たちの考えは当然だ」と思っているけれども、われらの目から見れば、「病気が広がっている」ということなのです。魂が病《や》んでいるのです。

地上に生まれて肉体に宿ることによって、魂がみな病んでいくのです。パンデミックのように、魂を病む人が広がっているのです。

だから、それを治さなければいけません。ワクチンなどで治せるのなら結構ですが、治せない段階になったら、「滅びが来る」ということになりますね。

D——　分かりました。

ケイシー　ちょっと予想外に、恐怖の予言になりましたので、ほかの方にも訊いてみたらいかがでしょうか。そのほうがよろしいと私は思います。はい。

D——　ぜひ、お願いしたいと思います。

［注2］「アガシャー霊言によるアトランティス滅亡の真相」。二〇一〇年二月十二日、宗教法人幸福の科学総合本部にて収録。

［注3］「九次元如来マイトレーヤーの霊言」。二〇一〇年三月二日、宗教法人幸福の科学総合本部にて収録。

［注4］宇宙には、「他の星の文明に介入してはならない」という「宇宙協定」が存在するが、「その星の人々が、自らの手によって文明を破滅させようとするときには介入してよい」という例外規定がある。『ユートピア創造論』（幸福の科学出版刊）第4章、『「信仰のすすめ」講義』（宗教法人幸福の科学刊）参照。

〔注5〕リエント・アール・クラウドは、約七千年前の古代インカの王であり、エル・カンターレの分身の一人。当時、宇宙人を神とあがめていたインカの人々に対し、「宇宙人は神ではない」と明言し、心の世界の神秘に目を向けさせた。『太陽の法』第5章参照。

第2章

日本に迫《せま》る「バビロン捕囚《ほしゅう》」の危機

二〇一〇年六月一日　ジーン・ディクソンの霊示

ジーン・ディクソン（一九一八［一九〇四説もあり］～一九九七）

アメリカの予言者・占星術師《せんせいじゅつし》。ガンジーやケネディ大統領の暗殺の予言を的中させたことで有名である。F・ルーズベルト大統領のアドバイザーを務めたこともあり、彼の死も予言した。敬虔《けいけん》なカトリック教徒で、自らの能力を神から与《あた》えられたものと信じていた。

［質問者はCと表記］

1 「未来を変えるもの」とは何か

ケネディ大統領の暗殺を予言したジーン・ディクソン

大川隆法　エドガー・ケイシーは〝中道〟の内容の話をする予定だったのですが、意外に怖《こわ》い話になってきたので、客観的に、ほかの角度からも話を聴《き》く必要があると思います。

ジーン・ディクソンか、黙示録《もくしろく》のヨハネか、どちらかを呼びますけれども、誰《だれ》が質問しますか。

（Cが、「私が」と言って手を挙げる）

はい。では、ジャーナリスト的な立場から行きましょう。どちらを呼びますか。

C――　それでは、「二十世紀の偉大《いだい》な予言者」と言われた、ジーン・ディクソン女史をお願いします。

大川隆法　はい。この人はエドガー・ケイシーと同時代人で、顔も知っている仲です。ケネディ大統領の暗殺を明確に予言した女性です。「暗殺されるので、南部に行ってはいけない」と警告していたのに、ケネディは南部に行って暗殺されました。

また、レーガン元大統領のナンシー夫人からも頼《たよ》りにされていた人だったと思います。

では、ジーン・ディクソンを呼んでみます。

（約二十秒間の沈黙《ちんもく》）

ジーン・ディクソン女史、ジーン・ディクソン女史、願わくは、幸福の科学に降りたまいて、人類の未来について啓蒙《けいもう》をなされますよう、心よりお願い申し上げます。

ジーン・ディクソン女史、ジーン・ディクソン女史。

（約三十秒間の沈黙）

ディクソン　ディクソンです。

変数は「宗教」「政治」「科学」の三つ

C——　ジーン・ディクソン先生、本日は、このような場所においでくださり、たいへんありがとうございます。

私は雑誌「ザ・リバティ」の編集を担当しております。

先ほど、エドガー・ケイシー先生をお呼びし、人類の未来について、いろいろとお伺《うかが》いしましたが、非常に厳しい未来像でございました。そこで、人類の未来に関し、ぜひ、ディクソン先生のお考えも、お聴かせ願えればと思います。

初めに、一点、お伺いさせていただきます。

レーガン大統領の時代に、ナンシー大統領夫人が非常に占星術《せんせいじゅつ》に凝《こ》られ、ディクソン先生を頼りにされていたそうですが、そのころ、「悪の帝国《ていこく》と言われたソ連が崩壊《ほうかい》する」という大きな動きが始まりました。これには、やはり、ディクソン先生の大きな力というか、ご指導の影響《えいきょう》があったと理解してよろしいでしょうか。

ディクソン　うーん。まあ、私の力の影響はあまりなく、それは単なる意見にしかすぎなかったと思います。政治家は政治家として、ご自分で判断をなされていたと思います。

先ほどの予言は少し怖かったですね。うーん……。そうですか。

ただ、まだ変数は残っていますよ。それは、やはり、「宗教」と「政治」の二つ、および、「科学の領域における革命家が出る」ということ、この三つぐらいでしょうか。三つぐらいの変数がまだ残っているので、未来は、まだ、それほど確定できるものではないとは思います。

2　日本は植民地にされるのか

一時期、中国の野望実現の方向に時代は流れていく

C――「中国が、これから世界をどんどん支配していく」という具体的な見通しが、エドガー・ケイシー先生から語られましたが、中国においては、バブルの崩壊《ほうかい》の可能性も大きくなっております。中国の未来について、ディクソン先生は、どのようにご覧になっているのでしょうか。

ディクソン　（約十五秒間の沈黙《ちんもく》）うーん……。（約七秒間の沈黙）

強いですねえ。

かつてのソ連邦《れんぽう》は七十年以上続きましたけれども、中国も強いですねえ。経済に変動は付き物ですから、周期的に、いろいろなことが起きるとは思いますが、うーん……、根本的には強いですね。かなり強いと思います。したがって、かつてのソ連邦に代わるものになって出てくると思います。

ところが、「アメリカには、ソ連邦と張り合ったときのような力がなくなっていく」という流れは止まらないですね。

だから、その意味では、一時期、やはり、彼らの野望が実現するかもしれない方向に時代が流れていくと思われます。

C――　ただ、中国に匹敵《ひってき》する人口を持ち、これから経済成長の余力を大きく残している、インドという国が存在しております。インドが大きく伸《の》びることによって、中国のライバルになり、中国経済を凌駕《りょうが》していくようなことがあれば、未来は変わってくるかと思いますが、いかがでしょうか。

ディクソン　うーん。まあ、三十年ぐらいは〝時差〟があるような気がしますね。それに、インドは中国とは違《ちが》って多神教なので、ああいう一枚岩的な強さはないと思います。多民族、多言語の国であり、どちらかというと、「不殺生《ふせっしょう》」「無抵抗《むていこう》」の思想が強く流れているので、中国の対抗馬としては十分ではないと思います。

植民地になりたくなければ、日本は核武装《かくぶそう》をするしかない？

C――「全体主義と民主主義とを比べた場合、全体主義のほうが、一枚岩という面では強い」ということがあります。また、「唯物論《ゆいぶつろん》の国と、宗教を認める国とで言えば、唯物論の国のほうが、この世的な部分で強い面もある」ということですので、これから先、信仰《しんこう》を持つ国や民主主義の国が、全体主義の国に対し、どうしても弱くなるおそれがあります。

しかし、私どもとしては、そうした未来は決して受け入れることができないと思っております。

先ほど「変数」という言葉を使われましたが、どうすれば、その力関係を覆《くつがえ》すことができるのか、ぜひ、ご指導をお願いいたします。

ディクソン　（約三十秒間の沈黙）アメリカはオバマ大統領を選んだし、日本は鳩山《はとやま》首相を選びました（収録当時）。そして、中国は不動の姿勢を貫《つらぬ》いております。

（約十秒間の沈黙）まあ、やはり、日本は、まもなく植民地になると思います。

したがって、植民地になりたくなければ、核武装《かくぶそう》をするしかないと思います。これ以外に方法はないですね、今の時点では。数年以内に核武装をしないかぎり、植民地に必ずなります。

中国にも北朝鮮《きたちょうせん》にも、核兵器、核ミサイルがあって、日本を狙《ねら》っている。ああいう国なので、指導者が決断すれば、即日《そくじつ》で、攻撃《こうげき》宣言を出せます。

韓国《かんこく》と北朝鮮の関係を見ても、北朝鮮の潜水艦《せんすいかん》による魚雷《ぎょらい》攻撃で韓国の船が沈められているにもかかわらず、北朝鮮は平気で「やっていない」と言い張ることができる。さらに、「そういう罠《わな》を仕掛《しか》けられた」と称《しょう》し、十万人も動員して、抗議集会を行い、「ソウルを火の海にする」と言う。北朝鮮は、そういう全体主義の軍事国家です。

中国は、これとは別のような顔をしていますが、内実は同じです。

先日、中国の首相が日本に来て、外交をして帰ったようですけれども、この人は、顔は穏《おだ》やかですが、心は鬼《おに》で、悪人です。考えていることは同じなのです。

基本的に、かつてブッシュ大統領が「悪の枢軸《すうじく》」と呼んだ北朝鮮とイラン、それから中国、こういう国々が根強く力を持ち、核を使用する時代が近づいているると私は思いますね。

ですから、「アメリカやロシアが核兵器を削減《さくげん》し、非保有国に新たに核兵器を持たせないようにしている」ということが、平和の運動のように見えながら、実際には、彼ら「悪の枢軸」の力を増す結果になります。そういう逆説が起きるでしょう。

中国の力を用いずとも、北朝鮮は、十年以内に、日本を占領《せんりょう》できるようになると思います。

債務国《さいむこく》であるアメリカは米中戦争を起こせない

C――　日本に、そうした危機が迫るなかで、ディクソン先生のお生まれになった国であるアメリカにおいては、今、オバマ大統領の支持率も以前より下がっていますし、「アメリカが世界に及《およ》ぼす影響力《えいきょうりょく》が落ちていることを憂《うれ》うアメリカ国民も増えている」という世論調査の結果もあります。

また、今年は中間選挙等があり、「次の大統領選挙に向けて、もしかしたら、アメリカの姿勢も変わるかもしれない」という可能性がありますけれども、このへんについては、いかがでしょうか。

ディクソン　アメリカは日本と違って債務国《さいむこく》なのです。経済的に危機なのです。国家的に赤字なのです。今、中国に経済的な急所を握《にぎ》られているので、米中関係を壊すと、アメリカは破滅《はめつ》する状態にあります。

このように、すでに搦《から》め手も抑《おさ》えられているので、米中戦争が起こせないのです。米中戦争を起こす気配を示したら、アメリカ経済は崩壊します。アメリカ人は、これ以上の経済的危機は受け入れることができないので、アメリカは〝氷漬《づ》け状態〟になると思われます。

だから、オバマであろうとオバマでなかろうと、そう簡単には、盛り返すことはできず、衰退《すいたい》の基調に入っていると思います。

アメリカは、ソ連との戦いで、もう力をかなり使い尽《つ》くしたと思います。そのころから始まった財政的な赤字が積み重なってきているのです。

日本は、政府は赤字ですが、まだ、国としては債権国であり、黒字国家です。しかし、今、福祉《ふくし》だとか教育手当だとかいうことよりも、国の防衛を固めないと、本当にこの国がなくなるかもしれないところに来ています。

「中国による危機」と言っていますが、「日本は、中国より北朝鮮に降伏《こうふく》する可能性がある」ということを忘れてはなりません。

もう十年も時間を与《あた》えれば、核ミサイルを何百基も揃《そろ》えることが可能になってきます。そうしたら、もう、もう、もう手の施《ほどこ》しようはありません。十分《じっぷん》で核ミサイルを日本の全都市に落とすことができるのです。

アメリカが日本を護れない状態が、まもなく来ます。

あの普天間《ふてんま》問題を見て、いちおう日米同盟を維持《いじ》する方向に行くとは思いますが、もう、アメリカの不信感は、かなり高まっております。

そのため、「アメリカ海兵隊の優秀《ゆうしゅう》な人材を危険にさらしてまで、日本を護る価値があるのか。そこまでして、太平洋の反対側のアジアにアメリカが出向き、〝警察官〟をしなくてはいけないのか。こうした経済的危機や赤字のなかで、そこまでしなくてはいけないのか」という撤退論《てったいろん》は、当然、出てくるので、まもなくアメリカは自国中心主義に移っていくはずです。民主党であろうと共和党であろうと、どうしてもそうなるだろうと思われます。

アメリカは中国と同盟を組んで日本を捨てる

日本は、今、幸福実現党が政権をとれるような状況《じょうきょう》にはございません。保守のほうが崩れてきています。

万一、民主党政権が壊れるにしても、政治が漂流《ひょうりゅう》するのは、もう間違いありません。意思決定をする主体がないからです。これでは、他の国に、いたずらに時間を与えることになるので、独裁国家が力を持つことになると思います。

アメリカが退《ひ》けば、韓国は占領されます。それから、台湾《たいわん》も占領されます。

そして、日本は、「核ミサイルの照準を日本に合わせて撃つぞ」と言われた段階で、今のような首相官邸《かんてい》であれば白旗を揚《あ》げます。そのまま植民地になり、「かつての韓国に対する三十五年間の植民地支配のツケを払《はら》ってもらう」というかたちになると思います。

これが、北朝鮮ないし中国が、やってくることだと思います。

いずれにしても、あなたがたの未来は厳しいと言わざるをえません。

たぶん、この国の国民は駄目《だめ》だと思います。自分たちの未来を護るだけの断固たる意志も決意もなく、その努力もしないからです。

外国に占領されて、植民地用の憲法を押《お》し付けられ、その奴隷《どれい》状態のままで戦後六十五年の平和を貪《むさぼ》っていたのであり、その奴隷根性が、今、さらなる奴隷状態を引き寄せようとしているのですから、アメリカには、もう責任はないと思いますね。

アメリカは、近い将来、中国との関係を強化して、日米同盟を破棄《はき》するでしょう。おそらく、そうなると思います。アメリカは、米中同盟を組めば、中国と戦争をする必要がないので、米中同盟を組んで日本を捨てると思います。それが、いちばん安全な策です。

財政的にも、経済破綻《はたん》を避《さ》け、軍事費を削減しながら、戦争の危機をなくし、自国中心で立て直しを図るには、そういう時期が二十年か三十年は、なければできないので、日本を見捨てるはずです。
だから、日本は危機に陥《おちい》ると思います。

人類的危機が起きて初めて、国対国の対立どころではなくなる

C――　やはり、日本の国民世論が変わっていかないと……。

ディクソン　ああ、もう、この国は駄目です。国民とマスコミが駄目だからです。

C――　日本という国は、江戸《えど》時代にも、二百六十年の泰平《たいへい》の眠《ねむ》りを貪っていたときに、黒船来航によって一気に目覚めました。黒船が来てから十四年で明治維新が起こり、さらに富国強兵へと移りました。

現在も、確かに危機は大きいですけれども、ある意味では、中国や北朝鮮という〝黒船〟を前にして、変わる可能性はあると思いますが。

ディクソン　昔の黒船とは違うのです。今は十分しか時間がありません。黒船の場合は、いったん帰り、一年後に再びやってきたので、その間の時間がまだあったのですが、今は十分でミサイルが飛んでくるのです。

北朝鮮は、あのように自分たちが魚雷で沈めていても、それを「北朝鮮がやった」と言われれば、「罠にかけられた」と言い、「国連に提訴《ていそ》する」と言われれば、「ソウルを火の海にする」と言う国であり、要するに、精神的には完全に異常な国家です。こういう異常な国家が繁殖《はんしょく》し、平気で放置されているのです。

「六カ国協議」と称し、中国を巻き込《こ》んで北朝鮮の説得に当たるといっても、実は中国が北朝鮮を支えているのですから、こんな茶番はありえません。しかし、怖《こわ》くて中国に誰《だれ》も手が出せない状態になっているわけですね。

神が、これに対して放つ〝レギオン〟（軍団）は何か。もう、人類的危機を起こす以外に方法はありません。人類的危機を起こして初めて、国対国の対立どころではない事態が始まります。だから、次は、それが始まってくるはずです。

3　日本の政治の根本的な問題点

宗教を受け入れない「メディア型民主主義」が日本を滅《ほろ》ぼす

C――　ディクソン先生は、冒頭《ぼうとう》で、「エドガー・ケイシー先生の見通しは厳しすぎる。まだ変数がある。それは宗教と政治、科学である」とおっしゃいました。

そうした、希望の変数について、ぜひ、お話をいただきたいと思います。

ディクソン　まあ、今の状態では、ちょっと厳しいですね。少なくとも、霊界《れいかい》を信じていない人は霊言《れいげん》を信じないし、霊言を信じない人は霊言の内容を信じないのですから。

すべての元凶《げんきょう》は、やはり、「メディア型民主主義」にあると思うのです。日本のメディア型民主主義は、宗教を受け入れないので、基本的に、これが滅《ほろ》びのもとだと私は思いますね。「メディア、すなわち、新聞やテレビ、活字や電波は、宗教を扱《あつか》わない」という、メディア内部の倫理綱領《りんりこうりょう》そのものが、この国を滅ぼすわけですね。

神も仏も霊界も信じず、霊言も信じず、当然、その内容も信じない人が、その霊言に基づく政策に依《よ》る政党など信じるはずもありません。

だから、「自らの倫理綱領によって自らの国を滅ぼす」というのが現状の分《ぶん》析《せき》ですね。

今、「滅びに至る門」に立っています。

C――「メディアの改革が非常に急がれる」ということでしょうか。

ディクソン　まあ、もう、「改革」というよりも、先ほど話の出た〝種牛〟と、ほとんど同じ状態に近いのではないでしょうか。

神は、基本的に、自分を信じない者の繁栄《はんえい》は許さないものなのです。だから、「神を信じない」ということには十分な反作用があるわけです。

先ほど、イスラエルがローマに滅ぼされた話もありましたけれども、もっと昔で言えば「バビロン捕囚《ほしゅう》」［注］もあります。「バビロニアが攻《せ》めてきて、ユダヤ人がみな奴隷《どれい》にされる」という、バビロン捕囚もありましたが、「日本の今の事情は、バビロン捕囚が起こる前に近い」ということを、われわれは言っています。

ユダヤ人は、それ以前に、アッシリアにも攻められ、やはり奴隷にされています。

われわれは、日本人に、「〝アッシリア〟、あるいは〝バビロニア〟が興隆《こうりゅう》してきた。これは強いですよ。あなたがたは、平和を貪《むさぼ》っていたら、やがて攻められ、奴隷にされますよ。国が滅びますよ」ということを申し上げているわけです。

しかし、人々は信じないでしょうね。

そして、これは、国会では、議題にも上《のぼ》りません。そういう国情なのです。議論に乗るはずがありません。国会の議題にはならないのです。

「〝バビロニア〟が攻めてきて国を滅ぼす。〝バビロン捕囚〟が起きるから、何とかしなくてはいけない」という話よりは、「珊瑚礁《さんごしょう》を護れ」というような話が一生懸命《いっしょうけんめい》に流されている。「珊瑚礁やジュゴンを護れ」という話のほうが、正論であるかのごとく流されている時代なんですね。

まあ、残念ながら、力が届かず、「国として唯物論信仰《ゆいぶつろんしんこう》に染まってしまった」と言うべきでしょうね。

だから、「中国を改革する」と言っても、改革する資格がない。自分たち自身を改革できないのに、中国を改革する資格はないですよね。

中国は、「もう一押《お》しで、日本は中国と同じ国になる」と見ているところです。「日本から、技術的なところや経済的に進んでいるところを略奪《りゃくだつ》しさえすれば、日本を中国の一省として加えることができる」というぐらいにしか考えていないはずですね。

おそらく、日本の富で北朝鮮《きたちょうせん》の貧困を消そうとするでしょう。

鳩山《はとやま》総理の次には〝悪魔《あくま》の完全な手下〟が総理になる

C──　日本の現状を見ますと、本当に、政治家も国民も、ディクソン先生がおっしゃったように、情けない状態です。

ただ、この九カ月ほどの民主党政権の政治の進め方を見て、国民のなかに、多少の揺《ゆ》り戻《もど》しや考え方の違《ちが》いも生まれているかと思います。

このへんの変化が、今後の日本の政治を大きく変えていき、幸福実現党に活《かつ》躍《やく》の余地が出てくるのではないかと思うのですが。

ディクソン　いや、鳩山《はとやま》のあとは、もっと悪くなると思いますよ。

C――　それは、別な人が総理大臣になることによってでしょうか。

ディクソン　そうです。もっと悪くなると思います。

C――　つまり、もっと危険な人が……。

ディクソン　もっと出来の悪い人が出てきます。

C――　そのへんを具体的に……。

ディクソン　もっと「左」に寄った人が出てきます。

C――　「左」に寄っていて、やはり、かなり下の……。

ディクソン　次は、もう、〝悪魔《あくま》の完全な手下〟が総理になりますからね。

［注］ユダヤ人の国は、ソロモン王の没後《ぼつご》、イスラエル王国とユダ王国に分裂《ぶんれつ》した。そして、イスラエル王国はアッシリアに滅ぼされ、人々は奴隷としてアッシリアに連行された（紀元前七二二年）。一方、ユダ王国は、アッシリアに従属したのち、新バビロニアに征服《せいふく》され、住民の多くが新バビロニアの都バビロンに連行された（紀元前五八六年）。これを「バビロン捕囚」という。

4 幸福の科学の今後のあり方

幸福の科学は海外の信者増大に努力せよ

C――　そうしますと、日本は、近い将来において、かなり厳しい状態に置かれるのでしょうか。

ディクソン　ああ、もう駄目《だめ》ですね。残念だけれども、手の施《ほどこ》しようがないと思います。

まあ、分岐点《ぶんきてん》は、どこだったでしょうかねえ……。

少なくとも、一九九五年の段階でオウム教と幸福の科学の違《ちが》いも分からなかったマスコミが、この国を動かしていたのですから、無理といえば無理ですね。彼らには、あなたがたの言っていることが、全部、抽象論《ちゅうしょうろん》や道徳論にしか聞こえていないのです。

これを救うには、政治的にも救世主が必要ですね。政治的な方面での救世主も必要です。

ところが、残念ながら、今の政治においては、投票箱からは英雄《えいゆう》が生まれないのです。そうした力のある人は、残念ながら、今の投票型民主主義からは生まれてこないんですね。国難の英雄が生まれない制度ができてしまっています。

投票箱から出てくるリーダーは、マスコミによって選ばれるリーダーでしかないので、そのマスコミを変えようとするリーダーは選ばれません。だから、出てくることができないのです。

政治的な救世主は出てこられない状態にあります。

宗教的にだけ活動しても、宗教は政治権力を持てないことになっているので、国会で憲法を変えないかぎり、宗教が権力を持つことはできないことになります。

いずれにしても自家撞着《じかどうちゃく》（矛盾《むじゅん》）ですね。

そして、国民を目覚めさせるような破滅的《はめつてき》な事態が来ることを希望すると、そういうところは弾圧《だんあつ》を受けることになっていて、そのようなことを言う宗教そのものが、この地上から姿を消すことになっているので、八方ふさがりです。

したがって、私は、この教団について考えるとすれば、希望は、むしろ国際部門のほうだと思います。

収入にはならないかもしれませんが、海外のほうで、幸福の科学を支持する声を大きくしていくように努力しないと駄目だと思います。そちらのほうで信者を増やしていったほうがいいですね。

それも、ガチガチの先進国では、それほど広がらないと思うので、そこまで行《い》っておらず、まだ日本を尊敬しているぐらいの国あたりに、資金を投下して数多く広げていったほうがよいと思います。

そういう国々であっても、国連加盟国としては一定の票数を持っています。そういう国々で有名にしていくことから始め、徐々《じょじょ》に攻《せ》め上っていって、だんだんに周辺を固めていかなくてはならないと思います。

民主主義には、「一人一票」ということがネックになって、偉人《いじん》が出てこられないところがありますけれども、国連でも同じで、巨大国《きょだいこく》も弱小国も「一国一票」です。

常任理事国には拒否権等《きょひけん》があるけれども、それ以外は一国一票なので、オセロゲームのように、だんだんに「白」の数を増やしていくようにしていったほうがよいと思います。

中国の周辺国や貿易相手に「光」を広げておく必要がある

C――　ブラジルやインドでは、今、幸福の科学の信者が非常に増えております。

ディクソン　ええ。

C――　ブラジルは、サブプライムローンによるショックの影響《えいきょう》から、いち早く脱《だっ》して、経済成長を続けており、治安も非常な勢いでよくなっています。「BRICs《ブリックス》」(ブラジル、ロシア、インド、中国)のなかでも、ブラジルが大きな希望の光になっていくと理解してよろしいでしょうか。

ディクソン　まあ、希望の光ですけれども、まだ、世界を救うところまではいかないでしょうね。

だから、中国に関しては、やはり、台湾《たいわん》、香港《ホンコン》、上海《シャンハイ》等をしっかり攻めて、内部から逆流を起こさせないといけないだろうし、周辺国からも「光」が入らないといけないと思います。インドやネパールからも入らなければいけないし、今後、中国が重視するであろうと思われる国もそうですね。

中国では、今後、アフリカの国との貿易も増えますし、東南アジア諸国との貿易も増えますけれども、中国が強大化していくときに飲み込《こ》んでいこうとする国のなかにも「光」を広げておく必要があります。

要するに、「吸収すると、おなかのなかで繁殖《はんしょく》する」というスタイルをつくっておかなくてはいけないいんですね。

C―― 中国が、すごい勢いで、今、アフリカやオーストラリアに進出しておりますす。それから、カナダでは、中国人の移民が増えております。

そして、中国は、そういった土地の資源を狙《ねら》っているわけです。

こういった国々で真理の光を広げていくことが、実は、非常に大事だと理解してよろしいでしょうか。

ディクソン　ええ。そうですね。

この日本という国は、残念だけれども、はっきり言えば、基本的に中国の鄧《とう》小平《しょうへい》路線とあまり変わらないような国になっているのではないでしょうか。すなわち、「無神論、唯物論《ゆいぶつろん》の国だけれども、経済的には市場経済である」というような感じになっているのではないでしょうか。

そのため、「信仰《しんこう》は要《い》らない」と思われているでしょうね。

だから、宗教のほうで何かやるべきことがあるとしたら、ものすごく激しい宗教が必要ですけれども、今の日本のなかで、宗教改革に、それだけの激しさを出せば、結局は、内部で潰《つぶ》し合いになるであろうと推定されます。たぶん、宗教弾圧の口実に使われるだろうと思います。

日本には宗教がたくさんありますけれども、「そんな宗教では駄目だ。もっと大きな宗教勢力をつくらなくてはいけない」という、宗教の内部での革命運動をやった場合には、宗教界そのものが弾圧されることになるだろうと推定されます。

いずれにしても、情勢は、かなり厳しくて、野球で言えば、もう九回の裏ぐらいまで来ている感じでしょうか。

希望の灯を松明《たいまつ》から松明へと移していけ

C――　もう九回裏の一死ぐらいの状況《じょうきょう》かもしれませんけれども、最後に、ぜひ、その厳しいなかで希望の未来を拓《ひら》くためのメッセージを、ディクソン先生からいただければと思います。

ディクソン　そうですね。うーん。（約五秒間の沈黙《ちんもく》）

例えば、幸福の科学の信者であっても、ほかの政党に所属していて、幸福実現党に来ない人たちがいるように、信仰のレベルが、まだ非常に低いんですよ。

本当の意味で、「エル・カンターレ信仰」というものを信じているのであれば、そんなものは議論の余地がないことなのですけれども、本当の意味では信じていないんですね。

「浅いレベルの信仰心を持っている人たちがいて、ある程度の規模の宗教団体として存在している」というだけであって、「日本社会のなかでは、無害、無毒なものとして行動する範囲内《はんいない》で存在を許されている」というのが、宗教の現在のあり方です。

イエスのごとき激しい活動をしたら、すぐに弾圧されて、滅ぼされることになるでしょうね。

だから、二十一世紀の救世主のあり方というものは、極《きわ》めて厳しいだろうと思います。

しかし、「すでにメッセージは発された」と私は思います。したがって、「あとは〝踏《ふ》み絵《え》〟だ」と思うのです。

いくら幸福実現党が頑張《がんば》られても、そして、民主党が駄目でも、自民党が駄目でも、基本的に宗教を信じていない人々は、一生懸命《いっしょうけんめい》、他の政党のほうに走っていくであろうし、最後の最後まで、幸福実現党に頭を下げてはこないだろうと思います。そういう人たちは、「宗教が政治に進出することは基本的倫理《りんり》に反する」と思っているからです。

どうして、こんな思想に染まった国になってしまったのでしょうか。

こういう状況に陥《おちい》っている、過去から現在までの「慣性の法則」を破るには、そうとうなエネルギーが必要になるだろうと思います。

ただ、希望の灯は消さずに、それを松明《たいまつ》から松明へと移していけば、いつか、そういう機会が訪《おとず》れることもあるかもしれませんね。

あなたがた日本人は、これから、しばし、厳しい未来を経験するかもしれませんが、まあ、それは、私の言葉で言えば、「バビロン捕囚《ほしゅう》」に近いものかもしれません。

C――　いずれにしましても、われわれは、鋼《はがね》の信仰心を持ち、どのような時代になっても松明の明かりを掲《かか》げ、また、その灯をほかの方に移していく努力を続けてまいりたいと思います。

本日は、突然《とつぜん》、お招き申し上げましたにもかかわらず、数多くの質問にお答えいただきまして、まことにありがとうございました。

大川隆法　（ディクソンに）ありがとうございました。

厳しいですね。

「テストが返ってきたら五点だった」というあたりですか。残念ですね。

八十点ぐらいは行《い》っていると思いましたか？

朝日新聞は八百万部。「ザ・リバティ」は？

C――「ザ・リバティ」は……。

大川隆法　三百万部？

C――（笑）

大川隆法　ハッハッハ。そこまで行っていないですね。残念だけれども、世間では、まだ〝マイノリティ・リポート〟ですね。

まだ思想的に十分には受け入れられていないでしょうからね。

ただ、強くなったら、今度は排斥《はいせき》され始めるのでしょう。まだ弱いから、排斥されないで済んでいるのでしょう。

いやあ、大変だなあ。うーん。五点とのことなので、〝補習授業〟が要るようですね。

C――　もっと智慧《ちえ》を持って戦っていきたいと思います。

大川隆法　うーん。二十年、損をしましたか。そうかもしれないですね。

まあ、運営の下手なところが影響したかもしれないし、それと、〝巨大パトロン〟が出なかったことも大きいでしょうか。教団をグーッと押《お》してくれるだけのパトロンは、いなかったですね。

また、日本では、一九九〇年を境にして、実は政治も経済も沈んでいっているんですね。日本の国力が落ちたので、それとも関係があったかもしれません。

C――　一九九九年発刊の『繁栄の法』（大川隆法著、幸福の科学出版刊）がベストセラーとなり、それで何とか支えましたけれども……。

大川隆法　う一ん。まあ、たまには痛い目に遭《あ》うのもいいかもしれませんね。早く中国語と韓国語《かんこく》の勉強をしておかないといけないのかな（笑）。

C――　いえいえ、彼らに真理の勉強をしてもらいたいと思います。

大川隆法　まあ、ちょっと厳しい話でした。

あとがき

高名な予言者の悪夢のような予言が外《はず》れてくれることを願うのは、宗教家である著者にとっては、心苦しいことである。

しかし、〝希望〟はまだ残されているのだ。たとえ5％であっても。嵐に向かって、ある種の牛たちのように、頭を低く下げて、立ち向かってゆくしかあるまい。

もともと荒れ果てた大地に「幸福の種」をまいているのだから、たとえ5％しか花は咲かなかったとしても、悔いはない。未来に向けて、黙々と新しい

「希望の種」をまき続けるとしよう。

二〇一〇年　六月二十三日

グランド・マスター　大川隆法《おおかわりゅうほう》

『エドガー・ケイシーの未来リーディング』大川隆法著作関連書籍

『太陽の法』（幸福の科学出版刊）
『黄金の法』（同右）
『フランクリー・スピーキング』（同右）
『世界紛争の真実』（同右）
『「宇宙の法」入門』（同右）
『宇宙人との対話』（同右）

エドガー・ケイシーの未来《みらい》リーディング
──同時収録　ジーン・ディクソンの霊言──

2010年7月7日　初版第1刷
2020年6月7日　第2刷

著　者　大《おお》川《かわ》隆《りゅう》法《ほう》

発行所　幸福の科学出版株式会社
〒107-0052 東京都港区赤坂2丁目10番8号
TEL(03)5573-7700
https://www.irhpress.co.jp/

印刷・製本　株式会社 サンニチ印刷

落丁・乱丁本はおとりかえいたします

ISBN978-4-86395-055-9 C0014

大川隆法 霊言シリーズ・中東情勢を読む

アメリカとイラン 和解への道

一部 英日対訳

ソレイマニ司令官、トランプ大統領・ロウハニ大統領守護霊の霊言

アメリカとイランの相互理解は可能か？ 両国の指導者の主張から、「対立の本質」と「和平への鍵」を読み解く。ソレイマニ司令官の衝撃の過去世も明らかに。

1,400 円

アメリカには見えない イランの本心

ハメネイ師守護霊・ソレイマニ司令官の霊言

イランは独裁国家ではない──。司令官の「死後の心情」や最高指導者の「覚悟」、トランプ大統領の真の狙いなど、緊迫する中東情勢の深層が明らかに。

1,400 円

イギリス・イランの 転換点について

英語霊言 英日対訳

ジョンソン首相・ロウハニ大統領・ハメネイ師・トランプ大統領守護霊の霊言

ＥＵ離脱でイギリスは復活するのか？ 米とイランの和解はあるのか？ 各国の首脳に本心を訊く！ 安倍首相・グレタ氏守護霊、ガイアの霊言を同時収録。

1,400 円

イランの反論 ロウハニ大統領・ハメネイ師守護霊、ホメイニ師の霊言

なぜアメリカは、イランをテロ支援国家に仕立てるのか。イランの国家指導者たちの霊言、守護霊霊言を通して、混迷する中東情勢の真相と黒幕に迫る。

1,400 円

幸福の科学出版

大川隆法 法シリーズ・人生の目的と使命を知る《基本三法》

太陽の法

エル・カンターレへの道

創世記や愛の段階、悟りの構造、文明の流転を明快に説き、主エル・カンターレの真実の使命を示した、仏法真理の基本書。14言語に翻訳され、世界累計1000万部を超える大ベストセラー。

第１章　太陽の昇る時
第２章　仏法真理は語る
第３章　愛の大河
第４章　悟りの極致
第５章　黄金の時代
第６章　エル・カンターレへの道

2,000円

黄金の法

エル・カンターレの歴史観

歴史上の偉人たちの活躍を鳥瞰しつつ、隠されていた人類の秘史を公開し、人類の未来をも予言した、空前絶後の人類史。

2,000円

永遠の法

エル・カンターレの世界観

『太陽の法』（法体系）、『黄金の法』（時間論）に続いて、本書は、空間論を開示し、次元構造など、霊界の真の姿を明確に解き明かす。

2,000円

※表示価格は本体価格（税別）です。